Antoine de Saint-Exupéry

Worte wie Sterne

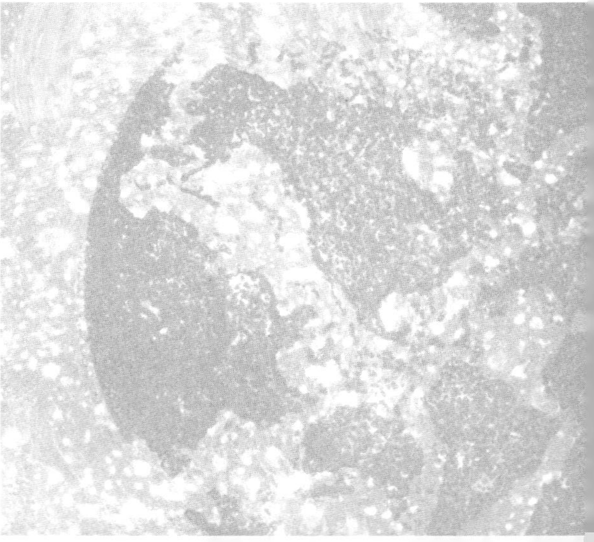

Antoine de Saint-Exupéry

Worte wie Sterne

Herausgegeben und eingeleitet von Maria Otto

Herder
Freiburg · Basel · Wien

Die Auswahl erfolgte mit
freundlicher Erlaubnis der Verlage
Karl Rauch, Düsseldorf, und
S. Fischer, Frankfurt a. M. (für Nachtflug)
(vgl. Quellenverzeichnis S. 151).

5. Auflage 2001

Buchgestaltung:
hoyerdesign grafik gmbh, Freiburg
Herstellung: fgb · freiburger graphische betriebe 2001
Gedruckt auf umweltfreundlichem,
chlorfrei gebleichtem Papier
ISBN 3-451-26932-5

Inhalt

Einleitung

Antoine de Saint-Exupéry, geboren am 29. Juni 1900 in Lyon, Flieger im Militärdienst und für Fluggesellschaften, erlangte Weltruf mit seinen Büchern „Südkurier" (1928), „Nachtflug" (1931), „Wind, Sand und Sterne" (1939), „Flug nach Arras" (1942) - romanartige Erlebnisreportagen und Reflexionen; ein Jahr vor seinem Tod schrieb er das symbolreiche Märchen „Der kleine Prinz" (1943).

Die Auswahl folgt den Lichtpunkten in den Schriften des Piloten, der zeitlebens nach dem wahren Menschsein gesucht hat, oft auch im Dunkeln. Angesichts der Dimensionen des Unendlichen hielt stand, was der Mensch als Liebender und Freund vermag. Als solcher entdeckt er die „Brunnen in der Wüste" und Leitsterne für die Zukunft des Menschen, dessen Dasein ein „langsames Geborenwerden" ist. Die

Nachbarschaft mit den Sternen lehrt den Nachtflieger die Erde verstehen und was sie an Köstlichem – das kein Geld kostet – zu bieten hat. Doch auch das verlöre sich im Sinnlosen ohne die Orientierung am Absoluten, das nur ein Auffunkeln, kein Wissen ist außer diesem, daß es den Menschen von seinen Verfilzungen löst. „Wenn ich den Krieg überlebe, wird es für mich nur ein Problem geben: was kann, was muß man den Menschen sagen? ... wie ihnen einen geistigen Sinn geben?" Saint-Exupéry hat den Krieg nicht überlebt, er kehrte am 31. Juli 1944 von einem Aufklärungsflug nicht zurück. Man fand von ihm keine Spur.

Was *das wahre Menschsein* ist, hat Saint-Exupéry auf mancherlei Wegen angepeilt; unablässig umkreist hat er es in der (posthum veröffentlichten) philosophierenden Fabel „Die Stadt in der Wüste“. Getroffen hat er es im Kind. Das Kind, das im „Kleinen Prinzen“ die Erwachsenen nachsichtig belächelt, ist kein Lebensalter, es ist die nicht verleugnete Fähigkeit, das Unsichtbare im Sichtbaren geraden Herzens wahrzunehmen und den ganzen Kram an Rechnerei, Rückversicherung, Wichtigtuerei wegzuschieben. Das Kind im Menschen wecken, das vereinbart sich paradoxerweise und doch folgerichtig mit Saint-Exupérys Lieblingsgedanken, daß der Mensch ein Werden sei... Wenn ihr nicht *werdet* wie die Kinder...

Denn der vermeintlich ausgewachsene Mensch, der Seriöse, der Zyniker, der zu Profitgier Heruntergeschrumpfte, das ist nicht wirklich ein Mensch, „das ist ein Champignon!“ sagt der zornige Prinz.

Aber da bleibt eine merkwürdige Spannung. Der Mensch, der Bewohner der Erde, die ihn mit liebevoller Schwerkraft an sich preßt – wie es der notgelandete Flieger auf dem Muschelplateau erlebt –, findet sich im Kind vom anderen Planeten. Und er findet sich, wenn er sein Erdenhaus von der Sternenwelt her betrachtet.

Die allererste Regung von Reue wegen seiner verlassenen Blume empfindet der kleine Prinz, gerade bevor er nach manch anderen Planeten die Erde besucht: Ort der Reue, der Erkenntnis und der Freundschaft. Die erste Begegnung auf der Erde ist die Schlange. Sie gibt mit ihrem Biß jeden der Erde zurück, das Kind nicht. Das Kind im Menschen ist stärker als der Tod.

Das Unsichtbare, das der Mensch sucht und findet, ist nicht eine Tatsache, die man bloß nicht nachmessen kann. Es wird. Die Suche bringt es erst hervor, läßt es entspringen wie das Wasser, das „entsprungen war aus dem Marsch unter den Sternen".

Daß die der Vernunft verpflichtete Sprache sich in Widersprüchen bewegt, hat Saint-Exupéry sehr stark empfunden. Der Ausspruch des Fuchses: „Die Sprache ist eine Quelle von Mißverständnissen" ist nicht leichtzunehmen. Aber Saint-Exupéry sah die Lösung nicht darin, die Widersprüche zu glätten oder zu vermeiden, sondern sie bewußtzumachen und sie auszuschreiten. Er hat ständig die Spannung ausgehalten zwischen Theorie und Praxis und zwischen Traum und Theorie, zwischen dem Besser-Schweigen und dem dennoch notwendigen Reden – „was muß man den Menschen sagen?" Den sich fortzeugenden Verwicklungen in unserer Sprachwelt sucht die Logik abzuhelfen, indem sie den Widerspruch verbietet, als wäre er dadurch gelöst. Saint-Exupéry sucht den wahren Überstieg in der Einfachheit der Schau. Dort trifft er sich vielleicht mit Novalis, der ähnlich wie er den Träumer mit dem exakten Naturforscher und Praktiker (statt über den Wolken unten im Bergwerk) verbindet und gesagt hat: „Den Satz des Widerspruchs zu vernichten ist vielleicht die höchste Aufgabe der höhern Logik" und der – wie Saint-Exupéry in seiner Weise – eine neue, nicht verrechnete Welt erschaute und meinte, dann „fliegt vor Einem geheimen Wort das ganze verkehrte Wesen fort".

Wie diese „höhere Logik" beschaffen ist, diese wahre Welt, das kann Saint-Exupéry nur momentweise aufblinken lassen. Seine Hoffnung ist, daß die Menschheit darauf zugeht und nicht bleibt, wie sie ist. Wüßte er das „geheime Wort“, so wäre sein dritter Vulkan nicht erloschen, „vielleicht für immer“. Nie fehlt in der sechsmaligen Erwähnung das „Vielleicht“, und das „Für-immer“ verliert die Macht. Exaktheit und Offenbleiben vereinen sich. Täglich fegt der kleine Prinz auch den erloschenen Vulkan.

I

Brunnen in der Wüste

oder
Von der Gewähr des Findens

Ich habe die Wüste immer geliebt. Man setzt sich auf eine Sanddüne. Man sieht nichts. Man hört nichts. Und währenddessen strahlt etwas in der Stille.

„Es macht die Wüste schön“, sagte der kleine Prinz, „daß sie irgendwo einen Brunnen birgt.“

Ich war überrascht, dieses geheimnisvolle Strahlen des Sandes plötzlich zu verstehen. Als ich ein kleiner Knabe war, wohnte ich in einem alten Haus, und die Sage erzählte, daß darin ein Schatz versteckt sei. Gewiß, es hat ihn nie jemand zu entdecken vermocht, vielleicht hat auch nie jemand gesucht. Aber er verzauberte dieses ganze Haus. Mein Haus barg ein Geheimnis auf dem Grunde seines Herzens …

„Ja“, sagte ich zum kleinen Prinzen, „ob es sich um das Haus, um die Sterne oder um die Wüste handelt, was ihre Schönheit ausmacht, ist unsichtbar!“

Der Kleine Prinz

Als ich durch die Wüste mit dem Tode um die Wette ging, habe ich wieder einmal eine Wahrheit gestreift, die so schwer zu verstehen ist. Ich habe mich verloren geglaubt, war in den Abgrund der Verzweiflung gestürzt, doch nachdem ich zum Verzicht bereit war, fand ich den Frieden. Es scheint, daß man in solchen Stunden sich selbst entdeckt und sein eigener Freund wird. Nichts kommt diesem Gefühl der Erfüllung gleich, das in uns ein Bedürfnis nach dem Wesentlichen befriedigt, das wir vorher nicht kannten.

Als ich im Sand bis zum Hals begraben lag, vom Durst langsam erstickt, wie könnte ich vergessen, wie warm es mir da unter meiner Sternenpelerine zum Herzen strömte?

Wind, Sand und Sterne

Was können wir tun, um diese Befreiung des Menschen in uns zu fördern? ... Was nützen uns politische Lehren, die den Menschen zu entwickeln versprechen, wenn wir vorher nicht wissen, was am Menschen sie entwickeln wollen? Wer wird geboren werden? Wir sind kein Zuchtvieh.

Wind, Sand und Sterne

Gewiß, die Sahara ist unabsehbar weit, nur einförmiger Sand ... Man badet da dauernd im Wesen der Langeweile selbst. Indessen bauen ihre unsichtbaren Gottheiten ein Netz von Richtungen, Neigungen und Zeichen, eine geheimnisvolle und lebendige Muskulatur. Es gibt keine Einförmigkeit mehr... Alles wird Pol. Jeder Stern bedeutet eine wirkliche Richtung. Es sind alles Sterne der drei Weisen. Sie dienen alle ihrem eigenen Gott. Dieser da bezeichnet die Richtung eines entfernten, schwer erreichbaren Brunnens. Und die Strecke, die dich von diesem Brunnen trennt, ist so gewichtig wie ein Wall. Jener Stern bezeichnet die Richtung eines versiegten Brunnens. Und der Stern selbst sieht nach Trockenheit aus. Und die Strecke, die dich von dem versiegten Brunnen trennt, ist kein lockerer Hang ... Dieser Stern bezeichnet die Richtung einer weißen Stadt im Süden, einer köstlichen, scheint es, köstlich wie eine Frucht, in die man die Zähne schlägt. Und jener die Richtung des Meeres.

Und schließlich wirken von weit her die Kräfte fast irrealer Pole wie Magnete in dieser Wüste: ein Haus der Kindheit, das in der Erinnerung lebt. Ein Freund, von dem man nichts weiß, als daß es ihn gibt ...

Brief an einen Ausgelieferten

Prévost hat unter den Trümmern eine Apfelsine entdeckt, und dieses unverhoffte Wunder teilen wir uns jetzt. Ich bin ganz außer Fassung, und wie wenig ist es doch für Menschen, die zwanzig Liter Wasser nötig hätten. Ich ruhe neben dem Lagerfeuer und betrachte die leuchtende Frucht, und ich sage mir: „Die Menschen wissen nicht, was eine Apfelsine ist!" Und weiter dachte ich: „Wir sitzen hier, zum Tode verurteilt, und doch verdirbt mir diese Gewißheit nicht den Genuß. Diese halbe Apfelsine, die ich in meiner Hand halte, ist eine der größten Freuden meines Lebens." Ich lege mich auf den Rücken, ich lutsche meine Frucht aus und zähle die Meteore. Für eine Minute bin ich restlos glücklich.

Wind, Sand und Sterne

Da die Wüste keinerlei greifbaren Reichtum bietet, da es in ihr nichts zu sehen, nichts zu hören gibt, drängt sich die Erkenntnis auf, daß der Mensch vor allem aus unsichtbaren Anreizen lebt, denn das innere Leben, weit entfernt davon, einzuschlafen, nimmt an Kräften zu. Der Mensch wird vom Geist geleitet. In der Wüste bin ich das wert, was meine Gottheiten wert sind.

Brief an einen Ausgelieferten

Ich habe die Einsamkeit kennengelernt. Drei Jahre Dienst in der Wüste [als Verkehrsflieger der Saharalinie] haben sie mir ausgiebig zu kosten gegeben. Da schreckt es einen nicht, daß die Jugendjahre in einem öden Steinland dahingehen; es kommt einem vielmehr so vor, als ob weit draußen die Welt alt würde.

Wind, Sand und Sterne

Und dennoch liebten wir die Wüste. Zuerst ist sie nur Leere und Schweigen, denn sie gibt sich nicht zu Liebschaften von einem Tage her.

Noch tiefer einsam ist der Mensch neben uns, der sich in seine Klausur eingemauert hat und nach Regeln lebt, die wir nicht kennen... Schauen wir uns seine Zelle an: sie ist leer. Das Reich des Menschen ist innerlich. So ist auch die Wüste nicht aus Sand gemacht und nicht aus Tuaregs und Beduinen.

Wind, Sand und Sterne

Aber heute haben wir Durst gelitten. Und von diesem Brunnen, den wir doch kannten, wissen wir heute erstmals, daß er ausstrahlt auf die ganze weite Landschaft. Eine unsichtbare Frau kann ein ganzes Haus verzaubern. Ein Brunnen reicht weit, wie die Liebe …

Wir haben die Spielregel angenommen, uns danach formen lassen. Nun ist die Sahara in uns und zeigt sich so. Ihr nahekommen, das bedeutet nicht, eine Oase besuchen. Es bedeutet, an einen Brunnen tief und inbrünstig zu glauben.

Wind, Sand und Sterne

II

Das Schaf in der Kiste

oder

Vom Sehen des Unsichtbaren

Mir ging die Geduld aus, es war höchste Zeit, meinen Motor auszubauen, so kritzelte ich diese Zeichnung da zusammen und knurrte dazu:

„Das ist die Kiste. Das Schaf, das du willst, steckt da drin."

Und ich war höchst überrascht, als ich das Gesicht meines jungen Kritikers aufleuchten sah:

„Das ist ganz so, wie ich es mir gewünscht habe. Meinst du, daß dieses Schaf viel Gras braucht?"

Der Kleine Prinz

„**A**dieu", sagte der Fuchs. „Hier ist mein Geheimnis. Es ist ganz einfach: man sieht nur mit dem Herzen gut. Das Wesentliche ist für die Augen unsichtbar."

Der Kleine Prinz

Wenn der Zufall die Liebe erweckt, ordnet sich im Menschen alles nach dieser Liebe, und die Liebe bringt ihm das Gefühl für die Weite. Wenn zur Zeit meines Aufenthaltes in der Sahara Araber plötzlich aus dem nächtlichen Dunkel um unser Feuer auftauchten und uns auf ferne Gefahren aufmerksam machten, dann fügte sich die Wüste zu einem Ganzen und bekam einen Sinn. Diese Boten hatten ihre Weite bestimmt. So geschieht es auch mit der Musik, wenn sie schön ist... Das Erhabene bringt das Gefühl für die Weite.

Ich verstehe aber auch, daß nichts

von dem, was den Menschen selbst angeht, sich zählen oder messen läßt. Die wirkliche Weite ist nicht für das Auge, sie wird nur dem Geist gewährt. Sie ist so viel wert wie die Sprache, denn die Sprache verbindet die Dinge.

Flug nach Arras

Das, worauf es ankommt, können wir nicht vorausberechnen. Die schönste Freude erlebt man immer da, wo man sie am wenigsten erwartet.

Wind, Sand und Sterne

Wie baut denn das Leben jene Kraftfelder auf, von denen wir leben?... Wie wenig Lärm machen die wirklichen Wunder! Wie einfach sind die wesentlichen Ereignisse...

Es war eines Tages vor dem Krieg an den Ufern der Saône, in der Gegend von Tournus. Wir hatten zum Mittagessen ein Restaurant gewählt, dessen Holzveranda über den Fluß hing... Und da ein paar Schritte von uns zwei Matrosen einen Kahn löschten, haben wir sie eingeladen. Wir haben sie von unserem Balkon herab angerufen. Und sie sind gekommen. Sie sind einfach gekommen. Wir hatten es so natürlich gefunden, Kumpane einzuladen, vielleicht wegen dieses unsichtbaren Festes in uns... Die Sonne tat gut. Die Pappeln des anderen Ufers, die Ebene bis zum Horizont, sie badeten in ihrem linden Honiglicht. Wir wurden immer fröhlicher und wußten keineswegs, warum. Auf alles war Verlaß: auf die Sonne, daß sie schien, den Fluß, daß er dahinfloß, die Matrosen, daß sie auf unseren Zuruf gekommen waren, das Mädchen, das uns mit einer Art glücklicher Freundlichkeit bediente, als gäbe sie ein unvergängliches Fest...

Wir genossen eine Art vollkommenen Zustandes, alle Wünsche waren erfüllt, wir hatten uns nichts mehr anzuvertrauen. Wir fühlten uns rein, aufrichtig, klar und milde. Wir hätten nicht zu sagen gewußt, welche Wahrheit es war, deren Evidenz uns entzückte. Aber das Gefühl, das uns beherrschte, war das der Gewißheit.

Brief an einen Ausgelieferten

Sicherlich entflieht man sich beim Reisen auf der Suche nach der Weite. Aber die Weite läßt sich nicht finden. Sie gründet sich. Und die Flucht hat noch niemals irgendwohin geführt.

Wenn der Mensch, um sich als Mensch zu fühlen, das Bedürfnis hat, um die Wette zu laufen ... oder Krieg zu führen, sind dies schon Bande, die er sich auferlegt, um sich mit dem Mitmenschen und der Welt zu verbinden. Doch was für armselige Bande! Wenn eine Kultur stark ist, erfüllt sie den Menschen gänzlich, selbst wenn er sich nicht von der Stelle rührt ...

In dem Dominikaner, der betet, ist eine dichte Gegenwart. Dieser Mensch ist niemals mehr Mensch als jetzt, da er regungslos in sich versunken ist. In Pasteur, der über seinem Mikroskop sitzt, ist eine dichte Gegenwart. Pasteur ist nie so sehr Mensch, wie wenn er beobachtet ... Dann geht er mit Riesenschritten vorwärts, wenn er sich auch nicht von der Stelle rührt, und entdeckt die Weite. So ist Cézanne, unbeweglich und stumm vor seiner Skizze, unauslotbar gegenwärtig. Er ist nie so sehr Mensch, wie wenn er schweigt, prüft und urteilt. Dann wird ihm seine Leinwand weiter als das Meer.

Flug nach Arras

Die wahre Liebe: ein Gewebe von Bindungen, das einen *werden* läßt.

Flug nach Arras

Man hat sich soviel mit seinem Körper abgegeben! Man hat ihn bekleidet, gewaschen, gepflegt, rasiert, getränkt, genährt. Man hat sich mit diesem Haustier identifiziert… Man hat mit ihm gelitten. Man hat mit ihm geschrien. Man hat mit ihm geliebt. Man sagt von ihm: „Das bin ich." Und jetzt auf einmal bricht die Selbsttäuschung zusammen.

Man pfeift auf seinen Körper! Man degradiert ihn zum Bedientenpack. Wenn der Zorn etwas anschwillt, die Liebe in Ekstase gerät... dann geht diese berühmte Solidarität aus den Fugen.

Dein Sohn ist in Feuersgefahr? Du wirst ihn retten! Du kannst dich nicht zurückhalten! Du brennst! Das ist dir gleich... Du bist die Rettung deines Sohnes.

Mit fünfzehn Jahren habe ich meine erste Lektion empfangen: Ein jüngerer Bruder von mir wurde seit einigen Tagen aufgegeben. Mein Bruder hat mir gesagt: „Vergiß nicht, das alles aufzuschreiben." Wenn der Körper abfällt, kommt das Wesentliche zum Vorschein. Der Mensch ist nichts als ein Bündel von Beziehungen. Die Beziehungen allein zählen für den Menschen.

Flug nach Arras

Da der kleine Prinz einschlief, nahm ich ihn in meine Arme und machte mich wieder auf den Weg ... Mir war, als trüge ich ein zerbrechliches Kleinod ... und ich sagte mir: Was ich da sehe, ist nur eine Hülle. Das Eigentliche ist unsichtbar ...

Der Kleine Prinz

„**E**s wird aussehen, als wäre ich tot, und das wird nicht wahr sein ... Du verstehst. Es ist zu weit. Ich kann diesen Leib da nicht mitnehmen. Er ist zu schwer ... Aber er wird daliegen wie eine alte verlassene Hülle. Man soll nicht traurig sein um solche alten Hüllen ..."

... Ich weiß gut, er ist auf seinen Planeten zurückgekehrt, denn bei Tagesanbruch habe ich seinen Körper nicht wieder gefunden. Es war kein so schwerer Körper.

Der Kleine Prinz

III

Die einzige Rose

oder
Von der verantwortungsvollen Liebe

„Die Zeit, die du für deine Rose verloren hast, sie macht deine Rose so wichtig."

„Die Zeit, die ich für meine Rose verloren habe...", sagte der kleine Prinz, um es sich zu merken.

„Die Menschen haben diese Wahrheit vergessen", sagte der Fuchs. „Aber du darfst sie nicht vergessen. Du bist zeitlebens für das verantwortlich, was du dir vertraut gemacht hast. Du bist für deine Rose verantwortlich..."

Der Kleine Prinz

Ich erblicke die Augen meiner Frau, ich kann nichts anderes mehr sehen. Sie schauen mich fragend an. Jetzt erblicke ich die Augen aller derer, denen vielleicht an mir gelegen war, eine Versammlung von Blicken warf mir mein Schweigen vor. Und ich antworte doch! Ich antworte, so laut ich kann. Ich kann doch keine hellere Flamme in die Nacht hinaussenden!

Jedesmal, wenn ich die wartenden Augen sah, brannte es mir im Herzen, packte mich der rasende Wunsch, aufzustehen und geradewegs loszulaufen. Dort drüben schreien sie um Hilfe, dort drüben leiden sie Schiffbruch! So eigenartig kehren sich die Rollen um... Ich kann mich gut damit abfinden, einzuschlafen, für eine Nacht wie für Jahrhunderte... Aber die Schreie von dort drüben, diese großen Flammen der

Verzweiflung, die kann ich nicht ertragen. Vor solchem Unglück kann ich nicht mit verschränkten Armen stehen. Jede Sekunde, die ich ruhig verharre, ist Mord an denen, die mir die Liebsten sind.

Nicht wir waren die Schiffbrüchigen. Das waren vielmehr die Wartenden, die unser Schweigen bedrohte, die ein gräßlicher Irrtum in Verzweiflung stürzte. Wir mußten einfach zu ihnen, sie retten.

Wind, Sand und Sterne

Doch zugleich gibt es jene andere Empfindung, die ich morgen inmitten der Aktion wiederfinden werde. Der Körper ist dann nur noch eine Art Mittel, das keine große Bedeutung hat, und für den Körper gibt es keine Tragödien ...

Etwas wird mir wiederum deutlich, und das ist vielleicht das Süßeste auf diesem seltsamen Berge, auf dem ich ganz allein sitze. Es ist erregender für alle, die ich liebe, und erregender für alle Menschen. Immer die gleiche Geschichte. Wenn man in Gefahr schwebt, ist man für alle verantwortlich. Am liebsten möchte man sagen: „Der Friede ziehe ein in euer Herz."

Kriegsbriefe an einen Freund

Man steigt zehntausend Meter hoch, explodiert, und da ist nichts dabei. Aber den anderen, niemals kann man den anderen besuchen. Es ist ein Land ohne Grenzen. Und ein kleines Mädchen, das friert, schmerzt mehr als eine defekte Heizanlage bei fünfzig Grad Kälte. Ich kenne die Kälte, ich kenne den Durst, ich kenne die Ungewißheit – aber nur die Ungewißheit der anderen.

Und dann weiß ich nicht, woher dieses Verlangen kommt, alles auf mich zu nehmen.

Kriegsbriefe an einen Freund

Die Würde des Individuums verlangt, daß es durch die Freigebigkeiten eines andern nicht geknechtet wird. Es wäre sinnwidrig, wenn man erlebte, daß die Besitzenden, abgesehen vom Besitz ihrer Güter, den Dank der Nichtbesitzenden beanspruchen.

Flug nach Arras

Statt die Rechte des *Menschen* durch die Individuen hindurch zu bestätigen, haben wir begonnen, von den Rechten der Kollektivität zu sprechen. Wir haben zugesehen, wie unmerklich eine Moral des Kollektivs sich einschlich, die den *Menschen* vernachlässigt. Diese Moral erklärt deutlich, warum das Individuum es sich schuldig ist, sich für die Gemeinschaft zu opfern. Ohne Wortkünsteleien kann sie nicht mehr erklären, warum eine Gemeinschaft es sich schuldig ist, sich für einen einzelnen Menschen zu opfern.

Flug nach Arras

Zweifellos eignet dem Opfer eine charakterbildende Bedeutung, aber wie kann man das dem Kind einpflanzen – ohne die Gottesvorstellung? Ich bin erschrocken angesichts der Schwierigkeit, die Autorität von etwas anderem als von Gott herzuleiten. Man sät aus der Höhe.

Carnets

Ich verstehe den Ursprung der Brüderlichkeit der Menschen. Die Menschen waren Brüder in Gott. Man kann nur innerhalb einer Einheit Bruder sein. Wenn es kein einendes Band für sie gibt, sind die Menschen nebeneinander gestellt und nicht miteinander verbunden ...

Meine Kultur, ein Erbe Gottes, hat die Menschen zu Brüdern im *Menschen* gemacht.

Flug nach Arras

Meine Kultur hat die Selbstachtung gepredigt, das heißt die Achtung vor dem *Menschen* durch sich selbst hindurch.

Ich verstehe, warum die Liebe zu Gott die Menschen füreinander verantwortlich gemacht und ihnen die Hoffnung als eine Tugend auferlegt hat. Da sie aus jedem von ihnen einen Sendboten desselben Gottes machte, ruhte in den Händen eines jeden das Heil aller. Als Sendbote eines Größeren brauchte keiner an sich zu verzweifeln. Verzweiflung bedeutete Verleugnung Gottes in einem selbst. Die Pflicht zur Hoffnung hätte sich so ausdrücken lassen: „Du hältst dich also für wichtig? Was bildest du dir mit deiner Verzweiflung ein?"

Meine Kultur, ein Erbe Gottes, hat jeden Menschen für alle Menschen und alle Menschen für jeden einzelnen verantwortlich gemacht.

Flug nach Arras

Jahrhundertelang hat meine Kultur durch die Menschen hindurch Gott betrachtet. Der Mensch war nach dem

Ebenbild Gottes geschaffen. Man achtete Gott im Menschen. Die Menschen waren Brüder in Gott. Dieser Abglanz Gottes verlieh jedem Menschen eine unveräußerliche Würde. Die Beziehungen des Menschen zu Gott begründeten ganz klar die Pflichten eines jeden gegenüber sich selbst und dem Nächsten.

Meine Kultur ist Erbin der christlichen Werte. Ich will über den Bauplan des Domes nachdenken, um seinen Aufbau besser zu verstehen. Die innere Schau Gottes machte die Menschen gleich, weil gleich in Gott... Gleichheit ist nur noch ein sinnloses Wort, wenn nichts vorhanden ist, worin sich diese Gleichheit knüpfen läßt.

Ich verstehe, warum eine in Gott bestehende Gleichheit keinen Widerspruch und keine Unordnung nach sich zog. Die Demagogie tritt auf, wenn in Ermangelung eines gemeinsamen Maßes das Prinzip der Gleichheit zum Prinzip der Identität wird.

Flug nach Arras

Guillaumets Mut gründet vor allem in seiner Geradheit. Aber seine eigentliche Größe kommt aus seinem Verantwortungsgefühl. Er fühlt sich verantwortlich für sich selbst, seine Post und die Kameraden, die auf ihn warten. Ihr Kummer oder ihre Freude liegt in seinen Händen. Er fühlt sich verantwortlich für das, was drunten bei den Lebenden an Neuem aufgebaut wird und woran er mitbauen soll, verantwortlich ein wenig für das Schicksal der Menschen, soweit seine Arbeit reicht...

Menschsein heißt verantwortlich sein. Scham empfinden beim Anblick einer

Not, auch wenn man augenscheinlich nicht schuld an ihr ist. Stolz sein auf den Erfolg, den die Kameraden errungen haben. Das Gefühl haben, daß der Stein, den man setzt, mitwirkt am Bau der Welt.

Und solche Menschen will man mit Stierkämpfern und Spielern in eine Reihe bringen? Man preist ihre Todesverachtung. Ich pfeife auf Todesverachtung. Sie ist nur ein Zeichen geistiger Armut oder jugendlicher Unreife, wenn sie nicht in einer übernommenen Verantwortung wurzelt.

Wind, Sand und Sterne

Ich habe einen Fall von Selbstmord erlebt. Irgendein Liebeskummer trieb den jungen Menschen dazu, sich mit größter Genauigkeit die Kugel mitten ins Herz zu jagen. Ich weiß nicht, welches literarische Vorbild ihn dazu brachte, weiße Handschuhe anzuziehen, aber ich erinnere mich noch, wie sehr ich diese traurige Schaustellung nicht als vornehm, sondern als erbärmlich empfand ...

[Demgegenüber der Bericht Guillaumets von seinem grausigen Marsch durch die Anden nach seinem Absturz: fünf Tage und vier Nächte an Steilwänden von 4500 Metern hinauf und hinab, bei 40 Grad Kälte, ohne Pickel, ohne Seile, ohne Lebensmittel:] „Nur eins rettet, einen Schritt zu tun. Und noch einen Schritt. Es ist immer der gleiche Schritt, den man wiederanfängt ..."

„Was ich getan habe, ich schwöre dir, kein Tier hätte es jemals getan." An diesen Ausspruch [den ersten verständlichen Satz Guillaumets nach seiner Rettung] mußte ich denken, es ist der nobelste, den ich kenne, dieser Satz, der die wahren Rangordnungen wiederherstellt, der dem Menschen seinen Platz und seine Ehre gibt.

Wind, Sand und Sterne

Jeder ist für alle verantwortlich. Jeder ist allein verantwortlich. Jeder ist allein verantwortlich für alle. Zum erstenmal verstehe ich eines der Geheimnisse der Religion, aus der unsere Kultur hervorgegangen ist, die ich als die meine anspreche: „Die Sünden der Menschen tragen..." Und jeder trägt die Sünden aller Menschen.

Flug nach Arras

Der kleine Prinz ging, die Rosen wiederzusehen. „Ihr gleicht meiner Rose gar nicht, ihr seid noch nichts“, sagte er zu ihnen ... „Ihr seid schön, aber ihr seid leer... Man kann für euch nicht sterben. Gewiß, ein Irgendwer, der vorübergeht, könnte glauben, meine Rose ähnle euch. Aber sie allein ist wichtiger als ihr alle, da sie es ist, die ich begossen habe. Da sie es ist, die ich unter den Glassturz gestellt habe. Da sie es ist, die ich mit dem Wandschirm geschützt habe... Da es meine Rose ist.“

Der Kleine Prinz

IV

Alle werden deine Freunde sein

oder
Von der Kommunion des Schenkens

„Das ist wie mit der Blume. Wenn du eine Blume liebst, die auf einem Stern wohnt, so ist es süß, bei Nacht den Himmel zu betrachten. Alle Sterne sind voll Blumen.

Wenn du bei Nacht den Himmel anschaust, wird es dir sein, als lachten alle Sterne, weil ich auf einem von ihnen wohne, weil ich auf einem von ihnen lache. Du allein wirst Sterne haben, die lachen können!

Es wird sein, als hätte ich dir statt der Sterne eine Menge kleiner Schellen geschenkt, die lachen können.

Mein Stern wird für dich einer der Sterne sein. Dann wirst du alle Sterne gern anschauen ... Alle werden deine Freunde sein."

Der Kleine Prinz

Du aber, unser Retter, Beduine aus Libyen, du wirst mir aus dem Gedächtnis schwinden! Deines Gesichts kann ich mich nicht entsinnen. Du bist der Mensch und du erscheinst mir mit dem Antlitz aller Menschen. Du hattest uns nie zuvor gesehen und hast uns doch erkannt. Du bist mein geliebter Bruder, und ich werde dich in allen Menschen wiedererkennen.

Du erscheinst mir voll Adel und Wohlwollen, ein großer Herr, in dessen Macht es stand, Wasser zu reichen. Alle meine Freunde, alle meine Feinde kommen mir in deiner Person entgegen, und ich habe keinen einzigen Feind mehr auf der Welt.

Wind, Sand und Sterne

Wir haben im Brot ein Werkzeug menschlicher Gemeinschaft kennengelernt, wegen des Brotes, das gemeinsam gebrochen wird. Wir haben im Brot das Bild der Größe der Arbeit kennengelernt, wegen des Brotes, das im Schweiße des Angesichts verdient wird. Wir haben im Brot den wesentlichen Träger der Barmherzigkeit kennengelernt, wegen des Brotes, das in der Stunde des Elends ausgeteilt wird. Der Geschmack des geteilten Brotes hat nicht seinesgleichen.

Flug nach Arras

Er trank mit geschlossenen Augen. Das war süß wie ein Fest. Dieses Wasser war etwas ganz anderes als ein Trunk. Es war entsprungen aus dem Marsch unter den Sternen, aus dem Gesang der

Rolle, aus der Mühe meiner Arme. Es war gut fürs Herz, wie ein Geschenk. Genau so machten, als ich ein Knabe war, die Lichter des Christbaums, die Musik der Weihnachtsmette, die Sanftmut des Lächelns den ganzen Glanz der Geschenke aus, die ich erhielt.

Der Kleine Prinz

Auf der Suche nach dem einzigen wahren Stern, dem unsern... Ich will euch sagen, was für ein Bild in meiner Phantasie erschien, ihr werdet es vielleicht kindisch finden. Aber man bleibt sehr menschlich auch inmitten der Gefahr. Und ich hatte Durst, und ich hatte Hunger. Wenn wir Cisneros fänden, würden wir gleich weiterfliegen, sobald wir aufgetankt hatten. In Casablanca würden wir im kühlen Morgengrauen landen. Arbeitsschluß! Néri und ich würden in die Stadt gehen; da findet man kleine Bistros, die beim ersten Tageslicht aufmachen. Wir würden uns an einen Tisch setzen, schön in Sicherheit, und würden über die vergangene Nacht lachen, vor uns warme Croissants und Milchkaffee. Néri und ich, wir würden dieses Morgengeschenk des Lebens empfangen. So erreicht die alte Bäuerin ihren Gott nur durch ein gemaltes Bild, eine naive Medaille, einen Rosenkranz: man muß zu uns in einer schlichten Sprache sprechen, um von uns verstanden zu werden. So sammelte sich alle Lebensfreude für mich in diesem ersten Schluck des duftenden, heißen Getränks, in diesem Gemisch aus Milch, Kaffee und Korn, durch das man mit friedlichen Weiden, überseeischen Pflanzungen und heimischen Ernten, mit der ganzen

Erde kommunizierte. Unter allen Sternen gab es nur einen, der diese duftende Schale des morgendlichen Mahles für uns bereithielt.

Wind, Sand und Sterne

Ein Jahr zuvor mußten unsere Kameraden genau an derselben Stelle notlanden und wurden von den Aufständischen ermordet... Wir begannen eine Nachtwache, die leicht unsere letzte sein konnte.

Wir richteten uns also für die Nacht ein. Aus den Laderäumen holten wir fünf oder sechs Warenkisten, leerten sie und stellte sie im Kreis auf, und in der Höhlung einer jeden, wie in einem Schilderhäuschen, zündeten wir eine ärmliche Kerze an, die dort notdürftig vor dem Wind geschützt war. So bauten wir uns mitten in der Wüste auf der nackten Rinde unseres Planeten, in einer Einsamkeit wie in den ersten Jahren der Schöpfung, ein Menschendorf.

Wir saßen zusammen auf unserem Dorfplatz, diesem Stückchen Sand, auf das unsere Kisten ihr zitterndes Licht warfen, und warteten. Wir warteten auf das rettende Frührot oder auf die Mauretanier. Und ich weiß nicht, was dieser Nacht eine Weihnachtsstimmung gab. Wir erzählten einander Geschichten...

Wir genossen die gleiche leicht gehobene Stimmung wie mitten in einem wohlvorbereiteten Fest. Dabei waren wir unendlich arm. Nur Wind, Sand und Sterne. Ein Lebensstil, hart selbst für Trappisten. Und doch teilten auf dieser schlecht beleuchteten Fläche sieben Menschen, die auf der Welt nichts besaßen als ihre Erinnerungen, unsichtbare Schätze untereinander aus.

Wir hatten endlich zueinander gefunden.

Wind, Sand und Sterne

Das Eis war gebrochen; und da nun auch die anderen Soldaten wieder Menschen geworden waren, trat ich in das Lächeln aller ein, wie in ein neues und freies Land.

Ich trat in ihr Lächeln ein wie ehemals in das Lächeln unserer Retter von der Sahara. Als uns die Kameraden nach tagelangem Suchen gefunden hatten und so nahe wie möglich gelandet waren, gingen sie mit großen Schritten auf uns zu, wobei sie die Wasserschläuche mit ausgestreckten Armen gut sichtbar schwenkten. An das Lächeln der Retter, wenn ich schiffbrüchig, an das

Lächeln der Schiffbrüchigen, wenn ich Retter war, denke ich wie an meine Heimat, in der ich mich glücklich fühlte. Die wahre Freude ist die Freude am andern. Die Rettung war nichts als die Gelegenheit zu dieser Freude. Das Wasser hat erst dann die Kraft, zu beglücken, wenn es zuvor das Geschenk des guten Willens eines Menschen ist.

Brief an einen Ausgelieferten

Das Wesentliche hat meistens kein Gewicht. Hier war das Wesentliche, allem Anschein nach, nur ein Lächeln. Ein Lächeln ist oft das Wesentliche... Man wird mit einem Lächeln belohnt. Man wird durch ein Lächeln belebt. Und die Art eines Lächelns kann schuld daran sein, daß man stirbt.

Brief an einen Ausgelieferten

In einer Welt, die öde geworden war, sehnten wir uns nach Kameradschaft. Das Erlebnis, mit Kameraden das Brot zu teilen, glaubten wir dem Krieg zu verdanken. Aber wir haben den Krieg nicht nötig, um die Wärme der Nachbarschultern zu finden, dicht aneinandergedrängt im Lauf zum selben Ziel. Der Krieg betrügt uns. Der Haß erhöht das Hochgefühl des Laufes nicht.

Warum einander hassen? Wir sind alle Schicksalsgefährten, vom selben Stern durch den Raum getragen, Mannschaft vom selben Schiff. Und wenn es gut ist, daß die Kulturen ihre Unterschiede einander entgegensetzen, weil dadurch neue Synthesen begünstigt werden, so ist es ungeheuerlich, daß sie sich gegenseitig vertilgen.

Wind, Sand und Sterne

Was bin ich, wenn ich nicht teilhabe? Um zu sein, muß ich teilhaben. Ich lebe von den Qualitäten meiner Kameraden, die ihnen unbewußt sind, nicht aus Bescheidenheit, sondern einfach weil sie nicht an sich selbst denken. Sie sind ein Netz von Beziehungen mit ihrer Arbeit, ihrem Beruf, ihrer Pflicht.

Flug nach Arras

Leicht finden wir Freunde, die uns helfen; schwer verdienen wir uns jene, die unsere Hilfe brauchen.

Brief an einen Ausgelieferten

Ich habe bei dem Abenteuer meine Haut aufs Spiel gesetzt ... Ich habe das Recht erworben teilzuhaben. Verbunden zu sein ... Zu empfangen und zu geben.

Mehr als ich selbst zu sein. Zutritt zu dieser Fülle zu haben, die mich so stark bewegt. Jene Liebe zu erfahren, die ich meinen Kameraden gegenüber empfinde, jene Liebe, die kein Antrieb von außen ist, die sich nicht ausdrücken will – niemals – außer höchstens beim Abschiedsmahl.

Flug nach Arras

Der Brunnen, den wir erreicht hatten, glich nicht den Brunnen der Sahara. Die Brunnen der Sahara sind einfache, in den Sand gegrabene Löcher. Dieser da glich einem Dorfbrunnen ...

„Das ist merkwürdig", sagte ich zum kleinen Prinzen, „alles ist bereit: die Winde, der Kübel und das Seil ..."

Er lachte, berührte das Seil, ließ die Rolle spielen. Und die Rolle knarrte wie ein altes Windrad, wenn der Wind lange geschlafen hat.

„Du hörst“, sagte der kleine Prinz, „wir wecken diesen Brunnen auf und er singt ...“

„Ich habe Durst nach diesem Wasser“, sagte der kleine Prinz, „gib mir zu trinken ...“

Und ich verstand, was er gesucht hatte.

Der Kleine Prinz

V

Mein Freund, der Fuchs

oder
Was nicht zu kaufen ist

Der Fuchs verstummte und schaute den kleinen Prinzen lange an:

„Bitte... zähme mich!“ sagte er.

„Ich möchte wohl“, antwortete der kleine Prinz. „Aber ich habe nicht viel Zeit. Ich muß Freunde finden und viele Dinge kennenlernen.“

„Man kennt nur die Dinge, die man zähmt“, sagte der Fuchs. „Die Menschen haben keine Zeit mehr, irgend etwas kennenzulernen. Sie kaufen sich alles fertig in den Geschäften. Aber da es keine Kaufläden für Freunde gibt, haben die Leute keine Freunde mehr. Wenn du einen Freund willst, so zähme mich!“

Der Kleine Prinz

Die Größe eines Berufes besteht vielleicht vor allem anderen darin, daß er Menschen vereinigt. Es gibt nur einen echten Luxus, das sind die menschlichen Beziehungen.

Arbeiten wir nur für materiellen Gewinn, so bauen wir uns selbst ein Gefängnis. Wir schließen uns darin ein, einsam mit unserem Geld von Asche, das uns nichts verschaffen kann, was das Leben lebenswert macht.

Wenn ich unter meinen Erinnerungen die heraussuche, die ihren köstlichen Geschmack behalten haben, wenn ich die Bilanz der Stunden mache, die in meinem Leben gezählt haben, dann sind es mit Sicherheit solche, die mir kein Vermögen der Welt verschafft hätte. Die Freundschaft eines Mermoz, eines Gefährten kann man nicht kaufen, mit dem gemeinsam bestandene Prüfungen einen für immer verbinden. Dieser Nachtflug und seine hunderttausend Sterne, die lichte Heiterkeit, die Erhobenheit einiger Stunden lassen sich für Geld nicht kaufen.

Das Wiedererleben der Erde nach einem gefährlichen Flug, diese Bäume, diese Blumen, diese Frauen, dieses Lächeln, frischgefärbt durch das Leben, das uns mit dem Morgen neu geschenkt wurde, dieses Konzert der kleinen Dinge, die unser Lohn sind, sie lassen sich für Geld nicht kaufen.

Wind, Sand und Sterne

Der Araber hat uns ins Gesicht gesehen, hat uns die Hände auf die Schultern gedrückt, und wir haben ihm gehorcht und uns hingelegt. Hier gibt es keine Rassen mehr, Sprachen, Parteien ... Ein armer Wanderhirte hat Engelshände auf unsre Schultern gelegt.

Wir haben gewartet, die Stirn in den Sand gepreßt. Und nun trinken wir, auf dem Bauche liegend, den Kopf im Becken, wie die Kälber. Der Beduine erschrickt und zwingt uns alle Augenblicke einzuhalten. Aber kaum läßt er uns frei, so tauchen wir schon das ganze Gesicht ins Wasser. Wasser!

Wind, Sand und Sterne

Es war Fabien zumute, als sei er in Zaubersphären geraten, denn alles wurde leuchtend, seine Hände, seine Kleider, seine Tragdecke, und das Licht kam nicht von den Gestirnen herab, sondern löste sich, unter ihm und rings um ihn her, aus dieser weißen Fülle. Die Wolken drunten strahlten allen Schnee wider, den sie vom Monde empfingen. Die rechts und links, hoch wie Türme, desgleichen. Eine Milch von Licht floß und schwamm allenthalben, in der das Flugzeug badete. Fabien sah sich um und sah, daß der Funker lächelte...

„Ich bin vollkommen wahnsinnig!" dachte Fabien, „daß ich hier lächle: wir sind verloren."

Sie irrten unter Sternen umher, die dicht gehäuft waren wie ein Schatz... Gleich jenen Dieben im Märchen, die in die Schatzkammer eingemauert sind, aus der sie nicht wieder herauskommen werden. Unter eisfunkelndem Geschmeide irren sie umher, unermeßlich reich, doch zum Tode verurteilt.

Nachtflug

Mir tut nichts leid, als daß ihr nun traurig sein müßt. Genaugenommen habe ich es besser gehabt... In den Städten gibt es kein menschenwürdiges Dasein.

Mir geht es nicht um die Sache der Fliegerei. Für mich ist das Flugzeug kein Zweck, es ist ein Mittel. Mein Leben schlage ich nicht für die Fliegerei in die Schanze, so wenig wie der Bauer für den Pflug arbeitet. Aber mit dem Flugzeug verläßt man die Städte und findet auf anderem Wege die bäuerliche Wahrheit wieder. Man lebt mit Winden, Sternen, Nacht und Sand, arbeitet als Mensch und sorgt sich als Mensch. Man mißt sich mit den Kräften der Natur und wartet auf den neuen Tag wie der Gärtner aufs Frühjahr. Man ersehnt den Flughafen wie ein gelobtes Land und sucht seine Wahrheit in der Sternenwelt...

Ich bereue nichts, ich habe gespielt und verloren. Aber ich habe den Wind auf freier See atmen dürfen. Das vergißt niemand, dem es einmal vergönnt war. Nicht wahr, Kameraden? Wir suchen ja nicht die Gefahr, das ist Wichtigtuerei; mit den Stierkämpfern habe ich nichts gemein. Nein, ich suche nicht die Gefahr; ich weiß, was ich suche: Ich suche das Leben.

Wind, Sand und Sterne

Ist diese Art Freude nicht die kostbarste Frucht unserer Gesittung? Auch eine totale Tyrannei könnte uns in unseren materiellen Bedürfnissen befriedigen. Aber wir sind nicht Vieh zum Mästen. Unser Gedeihen, unser Behagen, sie würden nicht genügen, uns glücklich zu machen. Für uns, die wir im Kult der

Ehrfurcht vor dem Menschen aufgewachsen sind, wiegen die einfachen Begegnungen schwer, die sich manchmal in wunderbare Feste verwandeln.

Brief an einen Ausgelieferten

Ein Gut ist nicht die Summe der Einkünfte, darin liegt der Fehler. Es ist die Summe der gebrachten Opfer.

Solange unsere Kultur sich auf Gott gestützt hat, hat sie diesen Begriff des Opfers gewahrt, der Gott in das Herz des Menschen verlegte. Der Humanismus hat die wesentliche Rolle des Opfers vernachlässigt. Er hat den *Menschen* durch Worte und nicht durch Taten vermitteln wollen.

Flug nach Arras

Wir haben mit dem Schenken aufgehört. Wenn ich nun aber nur noch mir selbst zu geben gewillt bin, empfange ich nichts; denn ich baue nichts auf, an dem ich teilhaben will, und daher bin ich nichts.

Flug nach Arras

Wir fühlten uns verloren im Raum zwischen den Welten, zwischen hundert unerreichbaren Planeten, auf der Suche nach dem einzigen wahren Stern, nach dem einen, der unsere vertrauten Gegenden beherbergt, freundliche Häuser und alles, woran unser Herz hing... Alle Reichtümer der Welt wohnten in einem Sandkorn, das zwischen den Gestirnen verloren schien.

Wind, Sand und Sterne

Der Profit steht mit der geistigen Sendung im Widerspruch.

Carnets

Zwei Minuten danach stand ich im Grase, ich fühlte mich so jung, wie auf einen Stern versetzt, auf dem das Leben neu beginnt. In einem neuen Klima. Auf diesem Boden, unter diesem Himmel fühlte ich mich wie ein junger Baum. Und ich streckte mich nach der Reise und war so herrlich hungrig. Ich machte lange, elastische Schritte, um mich vom weiten Flug zu erholen, und mußte darüber lachen, daß ich meinen Schatten wieder hatte – das war die Landung.

Südkurier

„**D**ie Menschen bei dir zu Hause", sagte der kleine Prinz, „züchten fünftausend Rosen in einem Garten ... und sie finden dort nicht, was sie suchen ..."

„Und dabei kann man das, was sie suchen, in einer einzigen Rose oder in einem bißchen Wasser finden ..."

Und der kleine Prinz fügte hinzu: „Aber die Augen sind blind. Man muß mit dem Herzen suchen."

Der Kleine Prinz

VI

Du musst sehr geduldig sein

oder

Von der Einübung des Verstehens

„Wenn du einen Freund willst, so zähme mich!“
„Was muß ich da tun?“ sagte der kleine Prinz.
„Du mußt sehr geduldig sein“, antwortete der Fuchs. „Du setzt dich zuerst ein wenig abseits von mir ins Gras. Ich werde dich verstohlen, so aus dem Augenwinkel anschauen, und du wirst nichts sagen. Die Sprache ist eine Quelle von Mißverständnissen. Aber jeden Tag wirst du dich ein bißchen näher setzen können.“

Der Kleine Prinz

Die Liebe ist zuerst Einübung in das Gebet und das Gebet Einübung ins Schweigen.

Die Stadt in der Wüste

Ich weiß, Herr, daß die Weisheit keine Antwort ist, sondern Heilung der Sprachnot ... Ich kenne die Liebe, in ihr stellt sich keine Frage mehr. Und nach und nach, von einem bezwungenen Widerspruch zum nächsten, gehe ich dem Schweigen der Fragen und so der Seligkeit entgegen.

Die Stadt in der Wüste

Niederlage ... Sieg ... Ich weiß mit diesen Formeln nichts Rechtes anzufangen. Es gibt Siege, die erheben, und andere, die erniedrigen. Niederlagen, die töten, und andere, die erwecken. Das Leben drückt sich nicht im Zustand, sondern im Verhalten aus. Der einzige Sieg, an dem ich nicht zweifeln kann, ist der, der in der Keimkraft der Samen schlummert.

Ist erst das Korn weithin in die schwarze Erde gepflanzt, dann ist es schon siegreich. Aber man muß Zeit verstreichen lassen, um seinen Triumph im Korn zu erleben.

Flug nach Arras

Indessen stieg die Nacht herauf wie dunkler Rauch und füllte schon die Täler. Die Formen der Ebene unterschied man nicht mehr. Aber dafür blitzten jetzt die Dörfer auf, Sternbilder, die einander antworteten. Und auch er (der Pilot) ließ mit dem Finger seine Positionslichter blinken zur Antwort. Die ganze Erde war übersponnen von Lichtgrüßen, jedes Haus zündete seinen Stern an vor der unendlichen Nacht, gleichwie man das Feuer eines Leuchtturms gegen das Meer wendet. Alles, was Menschenleben barg, glitzerte ... Wie in einem Hafen war diesmal die Einfahrt in die Nacht, sacht und schön.

Das Radium der Zeiger begann zu leuchten. Eine nach der andern prüfte der Pilot die Ziffern und war zufrieden ... Er tippte mit dem Finger an einen Stahlspanten und fühlte das Leben durch das Metall rieseln: Dieser Stahl vibrierte nicht, er lebte. Die fünfhundert Pferdekräfte des Motors erweckten in der Materie einen ganz leisen Strom, der ihre Eishärte in samtenes Fleisch verwandelte. Wieder einmal empfand der Pilot im Flug weder Schwindel noch Rausch, sondern nur das geheimnisvolle Arbeiten einer lebendigen Substanz.

Nachtflug

Wo sind die Menschen?

Kerzengerade stieg die Flamme empor. Ehrfurchtsvoll betrachteten wir unsere Feuersäule in der Wüste, unseren stummen und leuchtenden Boten. Er trug nicht nur einen Hilferuf hinaus, sondern auch ein inniges Liebesgeständnis. Wir verlangten zu trinken, wir riefen aber nicht minder nach menschlichem Austausch. Ein anderes Feuer sollte in der Nacht antworten. Nur Menschen verfügen über das Feuer, mögen sie es doch zum Sprechen bringen!

Wind, Sand und Sterne

Törichte moderne visuelle Erziehung, die in der Tat prächtige Schliche ersinnt, um *ohne Mühe Wissen beizubringen*, womit das Kind auf die Rolle eines Formulars reduziert wird und einem Gepäck voller Kenntnisse ausgeliefert wird, statt daß man ihm einen Stil formt – und auf diese Weise eine Seele.

Carnets

Einziges Richtziel der Erziehung: der Stil. Es kommt in keiner Weise auf das Gepäck an (Belehrung), sondern auf das Werkzeug, das der Erfassung dient.

Carnets

Wenn man diese schwarzen Straßen sieht, die ich schon erkennen kann, verstehe ich, was Frieden ist. Im Frieden ist alles wohl in sich geborgen. Die Bauern kommen abends heim ins Dorf. Das Korn kommt in den Speicher. Und die Wäsche kommt zusammengefaltet in die Schränke. In Friedenszeiten weiß man, wo jeder Gegenstand zu finden ist. Man weiß auch, wo man sich abends schlafen legt. Ach! Der Friede stirbt, wenn die Ordnung in die Brüche geht, wenn man keinen Platz mehr hat auf der Welt, wenn man nicht mehr weiß, wo man seine Liebe trifft, wenn der Gatte, der aufs Meer hinausgeht, nicht heimgekehrt ist.

Frieden bedeutet in einem Gesicht zu lesen, das sich hinter den Dingen zeigt, wenn sie ihren Sinn und ihren Platz bekommen haben. Wenn sie einen Teil von etwas Umfassenderem bilden als sie selbst, wie all die verschiedenen Mineralien des Erdbodens, sobald sie sich im Baum zusammengefunden haben.

Flug nach Arras

Drunten im Schützengraben rüsten sich die Männer... allmählich befreien sie sich aus ihrem Schlamm, um vor den Sternen aufzutauchen. Das Denken wird wach unter der Erde, in diesen Blöcken aus gehärtetem Lehm, und ich sinne darüber nach, daß sich dort drüben, uns gegenüber, andere Männer zur gleichen Stunde ebenso ausrüsten, sich mit den gleichen wollenen Tüchern bedecken; auch sie sind von der gleichen Erde durchsättigt, tauchen auf aus der gleichen Erde, aus der sie erschaffen wurden. Dort drüben, uns gegenüber, erwacht die gleiche Erde zum Bewußtsein ihrer selbst: mittels des Menschen.

So, Leutnant, richtet sich dir gegenüber langsam dein Ebenbild auf, um von deiner Hand zu sterben. Nachdem es allem entsagt hat, um, wie du, seinem Glauben zu dienen. Seinem Glauben, welcher der deine ist. Wer wäre denn für etwas anderes zu sterben bereit als für die Wahrheit, die Gerechtigkeit und die Liebe zu den Menschen?

Frieden oder Krieg?

Ich habe vor allem nach dem verlangt, wonach ich kein Verlangen hatte. Nach dem Dreck, dem Regen. Nach den Rheumaanfällen im Bauernhof. Nach den unausgefüllten Abenden. Nach der Melancholie, die mit all dieser Unruhe in zehntausend Meter Höhe verbunden ist. Auch nach der Angst. Das versteht sich. Nach all dem, was den Menschen abgefordert wird. Und das geschah, um Mensch mit Menschen zu sein und um aufzuleben mit meinesgleichen, denn wenn ich mich von ihnen trenne, bin ich zu nichts mehr nütze. Ich bin so voller Verachtung für die

Zuschauer, für Leute, die bei allem, was sie tun, keinen Einsatz wagen. Ich habe nicht gefunden, was ich haben wollte; ich habe gefunden, was ich finden sollte, und bin so wie die andern. Und friere wie die andern und habe Angst wie die andern. Und habe Rheuma wie die andern.

Kriegsbriefe an einen Freund

Wenn ich am Leben bleibe, will ich die Nacht zum Überlegen abwarten. Die heißgeliebte Nacht. Nachts, da schläft der menschliche Verstand, und die Dinge sind nur noch ganz einfach da. Alles, was wirklich wichtig ist, gewinnt wieder Gestalt, ersteht neu aus der zerstörenden Zergliederung des Tages. Der Mensch setzt seine Bruchstücke aneinander und wird wieder geruhsam, einem Baume gleich.

Der Tag gilt häuslichen Auseinandersetzungen, kommt aber die Nacht, dann mündet der Streit in die große Liebe ein. Und unter dem gestirnten Himmel lehnt sich der Mann ans Fenster, tritt wieder ein für seine schlafenden Kinder, sein Brot für morgen, für seine schlummernde Frau, die dort so schwach und zart, so gefährdet ruht. Um Liebe streitet sich niemand. Sie ist einfach da.

Flug nach Arras

Wir Piloten sind daran gewöhnt, lange auf ein Wiedersehen zu warten. Denn die Kameraden einer Strecke sind in die weite Welt verteilt wie Schildwachen, die nicht miteinander sprechen können... Für einen kurzen Abend sitzt man um einen Tisch in Casablanca, in Dakar, in Buenos Aires und nimmt nach Jahren des Stillschweigens unterbrochene Gespräche wieder auf. Dann geht es wieder weiter. Auf diese Weise ist die Welt leer und reich zumal. Reich an diesen verborgenen Gärten, die nur schwer zugänglich sind, zu denen uns aber unser Beruf doch immer wieder einmal führt. Das Leben trennt uns oft von den Kameraden, es hindert uns sogar, viel an sie zu denken. Aber sie sind da, wenn man auch nicht recht weiß wo. Sie lassen nichts von sich hören, und wir denken kaum an sie, und doch sind sie so treu! Wenn sich dann die Wege kreuzen, packen sie uns bei den Schultern und strahlen vor Freude. Ja, wir verstehen zu warten.

Nichts wiegt den Schatz so vieler gemeinsamer Erinnerungen auf, gemeinsam durchgemachter schlimmer Stunden, Zerwürfnisse, Versöhnungen, und die Augenblicke, in denen das Herz warm wurde. Solche Freundschaften lassen sich nicht anfertigen. Wenn man eine Eiche pflanzt, darf man nicht die Hoffnung hegen, demnächst in ihrem Schatten zu ruhen.

Wind, Sand und Sterne

Ich weiß Dir Dank dafür, daß Du mich so hinnimmst, wie ich bin. Was habe ich mit einem Freund zu tun, der mich wertet? Wenn ich einen Hinkenden zu Tisch lade, bitte ich ihn, sich zu setzen, und verlange von ihm nicht, daß er tanze.

Brief an einen Ausgelieferten

„Man darf den Blumen nicht zuhören, man muß sie anschauen und einatmen. Die meine erfüllte meinen Planeten mit Duft, aber ich konnte seiner nicht froh werden…

Ich hätte sie nach ihrem Tun und nicht nach ihren Worten beurteilen sollen. Sie duftete und glühte für mich. Ich hätte niemals fliehen sollen! Ich hätte hinter all den armseligen Schlichen ihre Zärtlichkeit erraten sollen."

Der Kleine Prinz

VII

Wenn ich Zeit hätte

oder
Vom Rennen auf Umwegen

„Guten Tag", sagte der kleine Prinz.

„Guten Tag", sagte der Händler.

Er handelte mit absolut wirksamen, durststillenden Pillen. Man schluckt jede Woche eine und spürt überhaupt kein Bedürfnis mehr zu trinken.

„Warum verkaufst du das?" sagte der kleine Prinz.

„Das ist eine große Zeitersparnis", sagte der Händler. „Die Sachverständigen haben Berechnungen angestellt. Man erspart dreiundfünfzig Minuten in der Woche."

„Und was macht man mit diesen dreiundfünfzig Minuten?"

„Man macht damit, was man will..."

„Wenn ich dreiundfünfzig Minuten übrig hätte", sagte der kleine Prinz, „würde ich ganz gemächlich zu einem Brunnen laufen..."

Der Kleine Prinz

Erwarte nichts vom Menschen, wenn er für seinen Lebensunterhalt arbeitet und nicht für seine Ewigkeit.

Die Stadt in der Wüste

Sie wollten das Christentum im Namen des Menschen zerstören, den es hervorbrachte (vatermörderischer Kampf des Anarchisten), und wollten den Menschen, den es hervorbrachte, retten, aber eben diesen Menschen haben sie als erstes zerstört.

Carnets

Der Mensch und der Wald. Und wenn es nichts mehr als den Menschen geben wird, so wird der Mensch sich tödlich langweilen. Er hat schon den Kontakt mit dem wilden Tier verloren

(Freude der Heimkehr von der wirklichen Jagd) und teilweise mit den Naturkräften (Stadtkultur); und nun verwandelt er den Erdball in Gemüseland.

Carnets

Die Wahrheit für den Menschen ist die, die aus ihm einen Menschen macht. Wer die Würde solcher Beziehungen, die Ehrlichkeit des Spiels, das wechselseitige Geschenk einer Hochachtung, deren Pfad das Leben ist ... mit den billigen Verbrüderungsversuchen samt großartigem Schulterklopfen vergleicht, der hat dafür nur ein verächtliches Mitleid übrig ...

Wenn wir den Menschen und seine Bedürfnisse in ihrem Wesenskern verstehen wollen, dürfen wir nicht die Beweisgründe für die verschiedenen Wahrheiten einander gegenüberhalten ... Mit Logik kann man alles beweisen ... Wenn wir das Wesentliche erkennen wollen, müssen wir für einen Augenblick die Parteien vergessen ... Man kann die Menschen in Linke und Rechte einteilen ... Aber die Wahrheit, wißt ihr, das ist, was die Welt vereinfacht und nicht, was sie ins Chaos stürzt. Die Wahrheit ist die Sprache, die das Universale entziffern läßt.

Alle Menschen ringsum haben die gleiche Sehnsucht. Wir wollen befreit werden. Wer einen Spatenstich tut, will wissen wofür. Der Spatenstich des Strafgefangenen, der ihn entehrt, hat nichts gemein mit dem Spatenstich des geologischen Prospektors. Das Zuchthaus ist nicht überall, wo Spaten in die Erde getrieben werden – körperliche Arbeit ist kein Schrecknis –, es ist nur da, wo Spatenstiche ohne Sinn getan werden, Spatenstiche, die den Menschen nicht an die Gemeinschaft der Menschen binden.

Wind, Sand und Sterne

Die Liebesbande, die den heutigen Menschen mit Wesen und Dingen verbinden, sind so schlaff, daß der Mensch ihre Abwesenheit nicht mehr spürt wie früher... Die Eisschränke sind austauschbar. Auch das Haus, wenn es bloß eine Anhäufung von Gegenständen ist. Und die Frau. Und die Religion. Und die Partei. Man kann nicht einmal mehr untreu sein. Wem sollte man untreu werden? Wovon weit weg und wem untreu? Wüstenei des Menschen.

Brief an einen General

Heuchelei ist mitunter nur ein Schamgefühl, das sich nicht zu definieren weiß.

Carnets

Ordnung um der Ordnung willen beschneidet den Menschen seiner wesentlichen Kraft, der nämlich, die Welt und sich selber umzuformen. Das Leben schafft Ordnung, aber die Orndung bringt kein Leben hervor.

Brief an einen Ausgelieferten

„**E**mpfange eine prächtige Meldung." Mit klopfendem Herzen warte ich ab, bis er die paar Worte umgeschrieben hatte, die uns retten würden.

Der Funkspruch war gegeben zu Casablanca, von wo wir am Abend vorher abgeflogen waren. Seine Weitergabe hatte sich verzögert, so daß er uns nun, 2000 Kilometer weiter, erreichte, zwischen Wolken und Nebel, verloren über dem Weltmeer. Er kam von der Flugpolizei und ich las: „Monsieur de Saint-Exupéry. Sehe mich genötigt, Strafmaßnahmen in Paris gegen Sie zu beantragen. Sie haben bei Ihrem Abflug von Casablanca zu nahe am Flugzeugschuppen gewendet." Gewiß hatte ich das getan, und gewiß tat der Mann nur seine Pflicht, wenn er sich aufregte. In der Dienststube des Flughafens hätte ich den Verweis auch mit Demut eingesteckt. Aber hier suchte er uns, wo er uns nicht zu suchen hatte, mitten unter diesen allzu seltenen Sternen, in diesem Nebelnest, im drohenden Bannkreis des Meeres. Wir trugen in unseren Händen unser eigenes Los, das der Post und des Flugzeuges. Mühsam steuerten wir um Tod und Leben. Und dieser Mann ließ seinen kleinlichen Ärger an uns aus. Aber statt uns zu ärgern, fühlten wir beide eine Welle jubelnder Heiterkeit: Hier waren wir ja Herren, und er zeigte es uns. Was störte er unsere Träume, wo wir doch zwischen dem Großen Bären und dem Sternbild des Schützen hin und her pendelten, wo die einzige Frage, die an uns herankam und uns beschäftigen konnte, die war, daß uns der Mond verraten hatte?

Wind, Sand und Sterne

Wir haben ständig die menschliche Freiheit gepredigt. Da wir aber den M*enschen* vergessen haben, haben wir unsere Freiheit als eine unklare Fessellosigkeit definiert, einzig begrenzt durch den Schaden, der dem Nächsten angetan wird. Das entbehrt jeder Sinngebung; denn es gibt keine Handlung, die den Nächsten nicht mit betrifft... Wer mutlos ist, nimmt den andern den Mut.

Flug nach Arras

Der Feind gibt sich wenig Mühe, die Karawane in Unordnung zu bringen. Sie braucht ihn ja nicht dazu... die Maschine besorgt das ganz von selbst.

Die Maschine ist für eine friedliche, ausgeglichene Gesellschaft erdacht, die geruhsam Zeit hat. Wenn der Mensch nicht mehr da ist, sie zu flicken, zu regulieren, zu putzen, altert die Maschine in einem schwindelerregenden Tempo. Heute abend sehen die Wagen aus, als wären sie tausend Jahre alt.

Es kommt mir so vor, als erlebte ich den Todeskampf der Maschine.

Flug nach Arras

Der ist ein Narr, der die Kultur von der Arbeit zu trennen gedenkt. Denn der Mensch wird zunächst einer Arbeit überdrüssig werden, die nicht mehr Teil seines Lebens ist, und sodann wird ihn auch eine Kultur nicht mehr befriedigen, die nur noch ein Spiel ohne Einsatz darstellt...

Die bei der Arbeit gewonnene Zeit ist nur eine tote Zeit, wenn sie nicht bloß Muße, Entspannung der Muskeln nach der Anstrengung oder Schlaf des Geistes nach der Erfindung bedeutet. Und du zerlegst das Leben in zwei unannehmbare Teile: eine Arbeit, die dir nur Last bedeutet, weil du ihr das Geschenk deiner Hingabe verweigerst, und eine Muße, die lediglich einen Mangel darstellt...

Denn nur durch Überwindung eines Widerstandes wirst du zu etwas... Wie vermöchtest du zu existieren, wenn du dir nicht selbst von neuem die Arbeit erfinden würdest?...

Die Stadt in der Wüste

Durch die Arbeit wirst du gezwungen, dich der Welt zu vermählen. Der Landmann stößt beim Pflügen auf Steine, mißtraut den Wassern des Himmels oder wünscht sie herbei, und so nimmt er Anteil und gewinnt an Weite und innerem Licht. Und jeder Schritt erhält einen Widerhall. Genauso ist es mit dem Gebet und den Vorschriften eines Kults, der dich nötigt, einen bestimmten Weg zu gehen und Treue zu halten oder zu betrügen, in Frieden oder mit schlechtem Gewissen zu leben.

Die Stadt in der Wüste

Früher habe ich Abenteuer erlebt: die Einrichtung von Postlinien, die Überwindung der Sahara, Südamerika..., aber der Krieg ist kein Abenteuer, nur Ersatz. Das Abenteuer beruht auf dem Reichtum der Beziehungen, die es anknüpft, der Probleme, die es stellt, der Schöpfungen, die es hervorruft. Man kann das einfache Spiel „Wappen oder Adler" keineswegs in ein richtiges Abenteuer verwandeln, indem man es um Tod und Leben gehen läßt. Der Krieg ist kein Abenteuer. Der Krieg ist eine Krankheit. Wie der Typhus.

Flug nach Arras

Die Mutter Gottes, die in den Straßen Sevillas umhergetragen wird. Stalin, der in den Straßen Moskaus umhergetragen wird:

Ein ästhetischer Unterschied, sagt Lévy... Weit mehr... Die Größe, die Wirksamkeit der Religionen besteht darin, daß sie ihr revolutionäres Problem aufgeworfen haben, nachdem sie das erstrebenswerte geistige Menschenbild begründet hatten. Möge dieser Mensch, nachdem er nun einmal erschaffen wurde, sein Universum betreuen. Die marxistischen Religionen betreuen das Universum, ohne auf den Menschen, den diese Betreuung hervorbringt, Rücksicht zu nehmen (Göttlichkeit des Ziels).

Ich für meinen Teil finde das durchaus nicht grandios: die Milchstraße, das große galaktische Schweigen soll nur dazu da sein, um nach Millionen von Jahren in der „geschichtlichen Sendung des Proletariats einzumünden..." Es handelt sich dabei gewiß um eine andere Ebene.

Carnets

(Frühmorgens im Bus)

Du alte Beamtenseele. Kamerad an meiner Seite! Nie hat dir jemand den Weg ins Freie gezeigt, und du kannst nichts dafür. Du hast dir deinen Frieden gezimmert, indem du wie die Termiten alle Ritzen verstopft hast, durch die das Licht zu dir drang und dich hinauslockte. Du hast dich eingerollt in deine bürgerliche Sicherheit, in deine Routine, in die erstickenden Bräuche deines abgeschirmten Lebens. Du hast dieses bescheidene Bollwerk aufgerichtet gegen Sturm und Flut und Gestirne. Du willst dich nicht mit großen Problemen belasten, du hattest genug zu tun, dein Menschentum zu vergessen. Du fühlst dich nicht als Bewohner eines Planeten, der durch den Weltraum irrt, du stellst keine Fragen, auf die du keine Antwort bekommst; nein, du bist ein braver kleiner Bürger von Toulouse. Keiner hat dich an den Schultern gepackt, als es noch Zeit war. Nun ist der Lehm, aus dem du gemacht bist, eingetrocknet und hart, und niemand könnte mehr den Musiker, den Dichter, den Sternenforscher aufwecken, die vielleicht einst in dir gewohnt haben.

Ich beklage mich nicht mehr über den peitschenden Regen. Der Zauber meines Berufs erschließt mir eine Welt, in der ich mich in knapp zwei Stunden mit den schwarzen Drachen und Bergspitzen einlassen werde, die blaue Blitze umwallen, eine Welt, in der ich in Freiheit, wenn die Nacht kommt, meinen Weg in den Sternen lese.

Wind, Sand und Sterne

VIII

Warum die Sterne leuchten

oder
Von der Wachsamkeit

Der kleine Prinz setzte sich auf einen Stein und hob die Augen zum Himmel.

„Ich frage mich", sagte er, „ob die Sterne leuchten, damit jeder eines Tages den seinen wiederfinden kann. Schau meinen Planeten an. Er steht gerade über uns … Aber wie weit ist er fort!"

Der Kleine Prinz

Da es zu unserer Befreiung genügt, daß man ein Ziel erkennen hilft, das Verbindungen zwischen uns herstellt, warum es nicht gleich dort suchen, wo es uns alle eint... Auch der Physiker spricht eine universelle Sprache, wenn er seine fast übersinnlichen Gleichungen aufbaut, in denen er zugleich Atome und Sternnebel erfaßt. Und so bis zum einfachen Hirten. Wenn einer, der bescheiden seine Schafe unter dem Sternenhimmel hütet, sich seiner Rolle bewußt wird, entdeckt er, daß er mehr ist als ein Knecht. Er ist eine Schildwache. Und jede Wache ist verantwortlich für das ganze Reich.

Wind, Sand und Sterne

Tief in der Nacht wie ein Wächter entdeckt er, daß die Nacht den Menschen zum Vorschein bringt: diese Lichter, diese

Rufe, diese Unruhe. Der einzelne Stern dort im Dunkeln: die Einsamkeit eines Hauses. Einer erlischt: das ist ein Haus, das sich über seiner Liebe schließt. Oder über seiner Langeweile. Ein Haus, das davon abläßt, der übrigen Welt sein Zeichen zu geben. Sie wissen nicht, wohin ihr Hoffen geht, die Bauern, die da mit aufgestützten Ellbogen am Tisch hocken vor ihrer Lampe: Sie wissen nicht, daß ihr Wünschen so weit trägt in der großen Nacht, die sie umfängt. Aber er, Fabien, erspäht es, wenn er tausend Kilometer weit daherkommt, auf und ab gewiegt in der Dünung der Luft, aus zehn Gewittern her wie durch Kriegsgebiet – Mondlichtungen dazwischen – und nun über diese Lichter hin ... Diese Menschen meinen, ihre Lampe leuchte für ihren bescheidenen Tisch, aber vierundachtzig Kilometer weit von ihnen vernimmt jemand schon den

Anruf dieses Lichtes, gleich als schwenkten sie es verzweifelt auf einer verlassenen Insel.

Nachtflug

Man soll soweit wie möglich man selbst sein, aber das Selbst ist a priori nicht begrenzt. Wenn der Astronom zum Holzfäller wird, verstehe ich, daß er sich am Anblick der Sterne begeistert, und ich mache keinerlei Unterschied zwischen diesen beiden menschlichen Zuständen (dem des Holzfällers und dem des Astronomen). Der Holzfäller kommt mir ganz einfach umfassender vor. Menschlicher. So auch wenn er zu beten oder zu lieben oder Wein zu kosten versteht, was auf das Holzfällen keinerlei Wirkung ausübt. Er stellt dann einen reicheren Menschen in den Dienst des Holzfällens.

Carnets

Nun rüstete sich aber der Mond zum Untergehen; ohne Peilungen waren wir schon taub, nun sollten wir auch noch blind werden. Es wurde immer dunkler, und schließlich war der Mond wie eine mattglühende Kohle in einer Nebelwand erloschen, die wie eine Schneebank aussah. Auch über uns bedeckten Wolken den Himmel, und so zogen wir zwischen den Wolken und dem Nebel hin in einer Welt, aus der alles Licht und alle Substanz entwichen war.

Plötzlich, als wir schon alle Hoffnung aufgeben wollten, erschien links vorn im Blickfeld ein leuchtender Punkt. Ich fühlte, wie mich die Freude durchbrauste; Néri beugte sich zu mir herüber, und ich hörte, daß er sang! Es konnte ja nur der Flughafen mit seinen Leuchtbaken sein... Da aber zuckte das Licht ein wenig und erlosch gleich darauf. Wir hatten einen Stern angesteuert, der kurz vor dem Untergehen für einige Minuten am Horizont zwischen den Wolken und der Nebelschicht sichtbar wurde.

Nun aber sahen wir andere Lichter aufleuchten, und wir steuerten sie in dumpfer Hoffnung eins nach dem andern an... Ging auch der Treibstoff zu Ende, wir schnappten doch jedesmal nach dem leuchtenden Köder. Jedesmal erschien er uns wahr und wirklich als das Licht eines Leuchtbakens, jedesmal als der Flughafen und das Leben – und jedesmal mußten wir den Stern wechseln.

Wind, Sand und Sterne

Ich beschritt völlig jungfräulichen Boden. Als erster Mensch ließ ich den Muschelstaub wie edles Gold von einer Hand in die andere gleiten. Als erster störte ich das Schweigen dieses Ortes. Auf diesem Block, der, wie eine Eisscholle, solange er steht, keinen Grashalm hervorgebracht hat, war ich wie ein vom Winde verwehtes Samenkorn, der erste Zeuge des Lebens.

Schon leuchtete ein Stern, und ich sah ihn an. Ich dachte, wie die weiße Fläche, auf der ich mich befand, seit Hunderttausenden von Jahren nur den Sternen dargeboten war, ein fleckenloses Tuch unter den reinen Himmel gebreitet. Da durchfuhr es mich wie einen Forscher im Augenblick einer großen Entdeckung: Ich sah auf diesem Tuch kaum zwanzig Meter von mir einen schwarzen Kiesel...

Mit klopfendem Herzen hob ich meinen Fund auf: ein harter, schwarzer Stein von Faustgröße, schwer wie Metall und tropfenförmig.

Auf ein Tuch, das man unter einen Apfelbaum ausbreitet, fallen Äpfel – ein Tuch unter den Sternen kann nur Staub von Gestirnen erhalten. Kein Meteor hatte je so eindeutig seine Herkunft dargetan wie dieser schwarze Stein ...

Das Wunderbarste war aber doch, daß auf dem runden Rücken unseres Sterns zwischen diesem magnetischen Tuch und den Gestirnen ein menschliches Bewußtsein lebte, in dem dieser Regen sich spiegeln konnte.

Wind, Sand und Sterne

Zweihundert Millionen Menschen in Europa haben keinen Sinn in ihrem Leben und wollten zum Leben finden. Die Industrie hat sie der bäuerlichen Sippe entzogen und sie in riesige Gettos gebannt, die aussehen wie lange Zeilen rußiger Bahnwagen auf den Geleisen eines Verschiebebahnhofs. Aus diesen Arbeiterstädten wollen sie erweckt werden.

Es gibt noch mehr solche, die in das Räderwerk der Berufe geschmiedet sind, denen alle Freuden des Bahnbrechers, des Gläubigen, des Wissenden versagt sind. Man meinte, um sie groß zu machen, genüge es, sie zu bekleiden, zu nähren … Man hat auf diese Weise nur den kleinen Spießer, den Kannegießer und den Roboter großgezogen. Man bildet sie aus, aber man kultiviert sie nicht. Der hat eine kümmerliche Meinung von Kultur, der sie im Formelgedächtnis sucht. Ein mäßiger Schüler einer Maschinenbauschule weiß mehr von der Natur und ihren Gesetzen als seinerzeit Descartes und Pascal wußten. Ist er aber des geistigen Aufschwungs dieser Großen fähig?

Wir alle fühlen mehr oder minder deutlich eine Sehnsucht nach der wirklichen Geburt. Aber uns drohen trügerische Lösungen. Man kann die Menschen ja auch aufwecken, indem man sie in Uniformen steckt. Dann singen sie ihre Kampflieder und teilen ihr Brot als Kameraden miteinander. Dann meinen sie gefunden zu haben, was wir suchen, das Allverbindende. Aber an dem Brot, das man ihnen bietet, müssen sie sterben.

Wind, Sand und Sterne

Sind wir durch ein gemeinsames Ziel, das außer uns liegt, brüderlich miteinander verbunden, dann erst atmen wir frei, und dann erfahren wir: Liebe besteht nicht darin, daß wir einander anschauen, sondern daß wir gemeinsam in dieselbe Richtung schauen.

Kameraden sind nur solche, die sich in derselben Seilschaft vereinen und demselben Gipfel entgegensteigen, um sich selbst zu finden. Warum beglückt es uns so tief, wenn wir, im Zeitalter des Komforts, unsere letzten Lebensmittel in der Wüste miteinander teilen können?

Wind, Sand und Sterne

Wir stehen alle unter demselben Antrieb, nur die Schlagworte widersprechen sich. Wir sind uneins über die Methoden, die wir ausgeklügelt haben, nicht über die Ziele: sie sind dieselben.

Wind, Sand und Sterne

IX

Der erloschene Vulkan

oder

Vom Glauben, der wiedererwachen kann

„Ich", sagte er noch zum Geschäftsmann, „ich besitze eine Blume, die ich jeden Tag begieße. Ich besitze drei Vulkane, die ich jede Woche fege. Denn ich fege auch den erloschenen. Man kann nie wissen. Es ist gut für meine Vulkane und gut für meine Blume, daß ich sie besitze. Aber du bist für die Sterne zu nichts nütze…"

Der Kleine Prinz

„**D**ie Geographiebücher“, sagte der Geograph, „sind die wertvollsten von allen Büchern. Sie veralten nie. Es ist sehr selten, daß ein Berg seinen Platz wechselt. Es ist sehr selten, daß ein Ozean seine Wasser ausleert. Wir schreiben die ewigen Dinge auf.“

„Aber die erloschenen Vulkane können wieder aufwachen“, unterbrach der kleine Prinz.

Der Kleine Prinz

Ich bin traurig, wegen dieses sonderbaren Planeten, den ich bewohne. Wegen all der Dinge, die ich nicht begreifen kann.

Kriegsbriefe

Ich bin in der wohltuenden Abendkühle gelandet. Punta Arenas! Ich lehne mich an einen Brunnen und folge mit den Augen den Mädchen. So nahe solcher Anmut fühle ich das Geheimnis Mensch tiefer. In einer Welt, wo Leben so leicht zum Leben findet, wo sich die Blumen im Windstrich zu Blumen gesellen, wo der Schwan alle Schwäne kennt, bauen allein die Menschen ihre Einsamkeit um sich. Wie fern sind ihre geistigen Innenräume voneinander! Ein Jungmädchentraum trennt dieses Wesen von mir, wie könnte ich hinübergelangen?...

Punta Arenas! Ich lehne an einem Brunnen. Alte Frauen kommen, Wasser zu holen. Vom Trauerspiel ihres Lebens werde ich nie etwas anderes erfahren als diese Mägdearbeit. Ein Kind weint leise vor sich hin, an die Mauer geschmiegt; von ihm wird in meiner Erinnerung nichts bleiben als das Bild eines schönen, auf ewig untröstlichen Kindes. Ich bin fremd hier. Alles ist mir unbekannt. Königreiche sind mir verschlossen.

Auf welch winziger Bühne rollt das große Spiel des Hasses, der Freundschaften, der Freuden der Menschen ab! Woher haben die Menschen ihren Blick auf die Ewigkeit, wo sie doch vom Zufall auf eine noch warme Lava geworfen sind und schon vom andringenden Sand und Schnee bedroht werden? Ihre Kultur ist nur eine dünne Vergoldung, die ein Vulkanausbruch zerreißt, ein neues Meer wegwäscht, ein Sandsturm begräbt.

Wind, Sand und Sterne

Ich kann nicht außerhalb der Liebe leben. Ich habe niemals geredet noch gehandelt noch geschrieben, wenn nicht aus Liebe.

Kriegsbriefe an einen Freund

Heimgekehrt vom Feld, haben die Bauern ihr Mahl abgetragen, die Kinder schlafen gelegt, die Lampe ausgeblasen und gehen in ihr Schweigen ein.

Dann ist nichts weiter unter dem schönen steifen Bauernlinnen als das langsame Gehen des Atems wie ein Rest des Seegangs nach dem Sturm auf dem Meer.

Gott entzieht uns den Gebrauch der Güter während der nächtlichen Bilanz. Das angespeicherte Erbe wird mir deutlicher werden, wenn die Menschen ruhen und dabei die Hände öffnen im

Spiel des unabwendbaren Schlafs, der die Finger bis zum Tagesanbruch entspannt.

Dann schaue ich vielleicht das Namenlose. Dann werde ich wie ein Blinder gegangen sein, den seine Handflächen zum Feuer geleitet haben. Er könnte es nicht beschreiben, und doch hat er es gefunden. So zeigt sich vielleicht dann, was es zu schützen gilt, was unsichtbar ist und doch dauert, gleich der Glut unter der Asche der dörflichen Nächte.

Flug nach Arras

Wer den Weg zur inneren Schau findet, verwandelt sich in ein Samenkorn. Wer ein Licht aufschimmern sieht, zupft jeden am Ärmel, es ihm zu zeigen. Wer erfindet, gibt seine Erfindung sogleich weiter.

Der Sieg ist die Frucht der Liebe. Die Liebe allein erkennt das Gesicht, das es zu formen gilt. Die Liebe allein leitet zu ihm hin. Der Verstand taugt nur im Dienst der Liebe.

Flug nach Arras

Es macht mir Vergnügen, als gleicher unter gleichen zu singen. Mit all der guten Erde für meine Wurzeln. Aber mit dem ganzen Himmel für meine Zweige und mit Winden, die von anderswo herkommen, und Schweigen und der Freiheit der Einsamkeit. Ich kann durchaus allein sein in der Menge. Ich werde von ihr gestützt, aber habe meinen Kopf für mich allein.

Kriegsbriefe an einen Freund

Es gibt nur ein Problem, ein einziges in der Welt: Wie kann man den Menschen einen geistigen Sinn, eine geistige Unruhe wiedergeben; etwas auf sie herabrieseln lassen, was einem Gregorianischen Gesang gleicht! Hätte ich den Glauben, stünde es fest, daß ich, sobald diese Zeit [des Krieges] vorüber ist, nur noch Solesmes [Benediktinerabtei] ertragen könnte.

Man kann nicht mehr leben von Eisschränken, von Politik, von Bilanzen und Kreuzworträtseln. Man kann es nicht mehr. Man kann nicht mehr leben ohne Poesie, ohne Farbe, ohne Liebe. Wenn man bloß ein Dorflied aus dem 15. Jahrhundert hört, ermißt man den ganzen Abstieg.

Es gilt wieder zu entdecken, daß es ein Leben des Geistes gibt, das noch höher steht als das Leben der Vernunft und das allein den Menschen zu befriedigen vermag... Man muß unbedingt zu den Menschen sprechen.

Brief an einen General

Der Wanderer, der seinen Berg in der Richtung eines Sterns überschreitet, läuft Gefahr zu vergessen, welcher Stern ihn führt, wenn er sich zu sehr von den Fragen des Anstiegs gefangennehmen läßt... Die Kirchenstuhlvermieterin einer Kathedrale, die sich zu eifrig mit dem Vermieten der Kirchenstühle befaßt, läuft Gefahr, zu vergessen, daß sie einem Gott dient. Wenn ich mich an irgendeine Parteileidenschaft verliere, laufe ich Gefahr, zu vergessen, daß die Politik nur dann einen Sinn hat, wenn sie im Dienst einer geistigen Gewißheit steht...

Keiner von uns besitzt das Monopol auf die Reinheit der Absichten. Ich kann im Namen meines Weges den Weg bekämpfen, den ein anderer gewählt hat. Ich kann die Schritte seines Verstandes kritisieren, das Verfahren des Verstandes ist unsicher. Aber ich muß auf der Ebene des Geistes den Menschen achten, der nach dem gleichen Stern strebt.

Wenn die Ehrfurcht von dem Menschen in den Herzen der Menschen wurzelt, werden die Menschen einmal so weit kommen, ihrerseits wieder das soziale, politische oder ökonomische System zu begründen, das diese Ehrfurcht für immer gewährleistet. Eine Zivilisation bildet sich zuerst im Kern. Sie ist im Menschen das blinde Verlangen nach einer gewissen Wärme. Von Irrtum zu Irrtum findet der Mensch den Weg zum Feuer.

Brief an einen Ausgelieferten

X

Ja oder Nein?

oder
Vom Hoffen und Zweifeln

Ich habe vergessen, an den Maulkorb, den ich für den kleinen Prinzen gezeichnet habe, einen Lederriemen zu machen! Es wird ihm nie gelungen sein, ihn dem Schaf anzulegen. So frage ich mich: Was hat sich auf dem Planeten wohl ereignet? Vielleicht hat das Schaf doch die Blume gefressen …

Das ist ein sehr großes Geheimnis … Nichts auf der Welt kann unberührt bleiben, wenn irgendwo ein Schaf, das wir nicht kennen, eine Rose vielleicht gefressen hat oder vielleicht nicht gefressen hat …

Schaut den Himmel an. Fragt euch: Hat das Schaf die Blume gefressen oder nicht? Ja oder nein? Und ihr werdet sehen, wie sich alles verwandelt …

Der Kleine Prinz

Ich möchte nicht im Rundfunk sprechen, das ziemt sich nicht, wenn man den Menschen keine Bibel zu bieten hat.

Kriegsbriefe an einen Freund

Ich verstehe den Sinn der Demut. Sie ist kein Verächtlichmachen seiner selbst. Sie ist das eigentliche Prinzip des Handelns. Wenn ich in der Absicht, mich freizusprechen, mein Unglück mit dem Schicksal entschuldige, unterwerfe ich mich dem Schicksal. Wenn ich es durch Verrat entschuldige, unterwerfe ich mich dem Verrat. Wenn ich aber den Fehler auf mich nehme, beanspruche ich mein Vermögen als Mensch. Ich kann auf das einwirken, zu dem ich gehöre. Ich bin ein Bestandteil der menschlichen Gemeinschaft.

Es ist also einer in mir, den ich bekämpfe, um mich über mich selbst hinauswachsen zu lassen.

Flug nach Arras

Einmal war ich mitten im Sand notgelandet und wartete auf den Morgen. Die goldgelben Hügel boten dem Mond ihre leuchtenden Seiten, und die Schattenseiten stiegen schwarz bis zu der Lichtscheide empor. In dieser Riesenhalle aus Licht und Schatten herrschte der Friede der Arbeitsruhe, aber auch ein tückisches Schweigen, in dessen Mitte ich einschlief. Beim Erwachen sah ich nichts als das tiefe Becken des Nachthimmels, denn ich lag mit ausgebreiteten Armen rücklings auf einem Dünengrat und sah ins Sternengewimmel. Ich war mir noch nicht klar, welches diese Tiefen waren, und so faßte mich der Schwindel, als ich plötzlich hineinsah. Da war keine Wurzel, an die ich mich klammern konnte, und kein Dach und kein Zweig waren zwischen diesem Abgrund und mir. Ich war schon losgelöst und begann hineinzufallen wie ein Taucher ins Meer.

Aber ich fiel nicht. Ich fand mich vom Kopf bis zu den Fersen mit der Erde verknüpft. Es war beruhigend, ihr mein Gewicht zu überlassen. Die Schwerkraft erschien mir allgewaltig wie die Liebe.

Ich fühlte, daß die Erde meinen Rücken stützte, mich hielt, mich hob, mich durch den nächtlichen Raum mit sich führte… Ich wußte, ich war verloren in der Wüste und furchtbar bedroht, nackt zwischen Sand und Sternen, den Polen meines Lebens entrissen durch ein Übermaß an Stille. Ich würde Tage,

Wochen, Monate brauchen, wenn mich nicht ein Flugzeug fand oder gleich morgen die Mauretanier umbrachten. Hier besaß ich nichts auf der Welt. Ich war nichts als ein verirrter Sterblicher zwischen Sand und Sternen, der wohlig fühlte, daß er atmete.

Wind, Sand und Sterne

Wichtig ist, daß man sich auf ein Ziel hin bewegt, das sich vorläufig noch nicht zeigt. Dieses Ziel gilt nicht dem Verstand, sondern dem Geist. Der Geist versteht sich aufs Lieben, aber er schläft.

Worin die Versuchung besteht, weiß ich ebensogut wie ein Kirchenvater. Versucht werden heißt, sich versuchen lassen, wenn der *Geist* schläft, heißt den Gründen des Verstandes nachgeben.

Wenn eine Frau mir schön vorkommt, kann ich nicht über sie sprechen. Ich sehe sie ganz einfach lächeln. Die Intellektuellen zerlegen das Gesicht, um es aus seinen Teilen zu erklären, aber das Lächeln sehen sie nicht mehr.

Erkennen heißt nicht zerlegen, auch nicht erklären. Es heißt, Zugang zur Schau finden. Aber um zu schauen, muß man erst teilnehmen. Das ist eine harte Lehre.

Flug nach Arras

Warum führen wir Krieg, da uns ja zugleich bekannt ist, daß er widersinnig und grauenhaft ist? Wo sitzt der Widerspruch? Wo findet sich die Wahrheit des Krieges, eine so zwingende Wahrheit, daß sie Entsetzen und Tod überwindet? Wenn wir das erkennen, nur dann werden wir uns nicht mehr, wie einer Macht, die stärker ist als wir, dem blinden Verhängnis überlassen...

Es scheint mir, daß die wilden Instinkte, Raubgier oder Blutdurst, nur unzureichende Erklärungen bieten...

Es hieße, die ganze Askese vergessen, welche den Werten des Krieges eignet. Es hieße, das Opfer des Lebens vergessen. Es hieße, die Disziplin vergessen. Es hieße, das brüderliche Zusammenhalten in der Gefahr vergessen...

Doch um dem zu begegnen, was dem Krieg an Universalem eignet, darf man nicht vergessen, daß es feindliche Lager gibt, und darf nicht über Ideologien streiten. Die Sprachen enthalten Widersprüche, die so unlösbar sind, daß sie am Heil der Menschen verzweifeln lassen...

Der Krieg ist widersinnig. Man muß sich einem Lager anschließen. Doch mich dünkt, daß vor allem eine Sprache widersinnig ist, die den Menschen nötigt, sich zu widersprechen.

Frieden oder Krieg?

Alles hat sich um uns so schnell geändert: die menschlichen Beziehungen, die Arbeitsbedingungen, Sitten. Sogar unsere psychische Verfassung ist bis ins Innerste erschüttert. Begriffe wie Trennung, Abwesenheit, Entfernung, Rückkehr besagen mit den gleichgebliebenen Worten nicht mehr die gleichen Realitäten.

Um die Welt von heute zu erfassen, gebrauchen wir eine Sprache, die für die Welt von gestern geschaffen wurde. Darum scheint uns das Leben der Vergangenheit unserer Natur besser zu entsprechen, nur weil es unserer Sprache besser entspricht.

Jeder Fortschritt hat uns aus Gewohnheiten, die wir kaum ernst genommen hatten, gleich wieder vertrieben. Wir sind wie Auswanderer, die noch kein neues Vaterland aufgebaut haben.

Im Fortschrittsrausch haben wir die Menschen dazu gezwungen, an Eisenbahnen, Werkbauten und Tiefenbohrungen Dienst zu tun, und haben darüber ziemlich vergessen, daß alle diese Anlagen nur geschaffen wurden, um den Menschen zu dienen.

Langsam wird unser Haus menschlicher werden. Die Maschine selbst tritt in dem Maße hinter ihren Aufgaben zurück, als sie vollkommener wird...

Vollkommenheit ist offensichtlich nicht dann erreicht, wenn man nichts mehr hinzuzufügen hat, sondern wenn man nichts mehr wegnehmen kann.

Wind, Sand und Sterne

Es scheint, daß unser Aufstieg noch nicht vollendet ist, daß die morgige Wahrheit sich vom gestrigen Irrtum nährt und daß die zu überwindenden Gegensätze für unser Wachstum der rechte Humus sind. Wir zählen auch die zu den unsrigen, die anders sind als wir. Aber welch merkwürdige Verwandtschaft! Sie gründet sich auf das Künftige, nicht auf das Vergangene. Auf das Endziel, nicht auf die Herkunft. Wir sind Pilger, die auf verschiedenen Wegen einem gemeinsamen Treffpunkt zuwandern.

Brief an einen Ausgelieferten

Ich sage dir: es gibt keine göttliche Amnestie; die dir das Werden erspart. Du möchtest sein: Du wirst nur in Gott sein. Er wird dich in seine Scheune einbringen, nachdem du langsam durch deine Handlungen geworden und geknetet sein wirst; denn der Mensch braucht lang zum Geborenwerden.

Stadt in der Wüste

Leben heißt langsam Geborenwerden. Es wäre allzu bequem, fixfertige Seelen auszuleihen.

Flug nach Arras

Nur der Geist, wenn er den Lehm anhaucht, kann den Menschen erschaffen.

Wind, Sand und Sterne

Quellenverzeichnis

Die Texte sind mit freundlicher Erlaubnis der Verlage Karl Rauch, Düsseldorf, und S. Fischer, Frankfurt a.M., folgenden Werken von Antoine de Saint-Exupéry entnommen:

Courrier Sud (1928), in: Œuvres, Bibliothèque de la Pléiade, Gallimard, Paris 1953 (*Südkurier*, in: Gesammelte Schriften in drei Bänden, Bd. 1, Karl Rauch Verlag, Düsseldorf 1959).

Vol de Nuit (1931), in: Œuvres, Bibliothèque de la Pléiade, Gallimard, Paris 1953 (*Nachtflug*, Verlag S. Fischer, Frankfurt a.M. 1976).

Terre des Hommes (1939), in: Œuvres, Bibliothèque de la Pléiade, Gallimard, Paris 1953 (*Wind, Sand und Sterne*, in: Gesammelte Schriften in drei Bänden, Bd. 1, Karl Rauch Verlag, Düsseldorf 1959).

Pilote de Guerre (1942), in: Œuvres, Bibliothèque de la Pléiade, Gallimard, Paris 1953 (*Flug nach Arras*, in: Gesammelte Schriften in drei Bänden, Bd. 1, Karl Rauch Verlag, Düsseldorf 1959).

Lettre à un Otage (1943), in: Œuvres, Bibliothèque de la Pléiade, Gallimard, Paris 1953 (*Brief an einen Ausgelieferten*, in: Gesammelte Schriften in drei Bänden, Bd. 3, Karl Rauch Verlag, Düsseldorf 1959).

Le Petit Prince (1943), in: Œuvres, Bibliothèque de la Pléiade, Gallimard, Paris 1953 (*Der Kleine Prinz*, in: Gesammelte Schriften in drei Bänden, Bd. 1, Karl Rauch Verlag, Düsseldorf 1959).

Citadelle (1948), in: Œuvres, Bibliothèque de la Pléiade, Gallimard, Paris 1953 (*Die Stadt in der Wüste*, in: Gesammelte Schriften in drei Bänden, Bd. 1, Karl Rauch Verlag, Düsseldorf 1959).

Un Sens à la Vie (1956), textes recueillis et présentés par Claude Reynak, Gallimard, Paris 1956 (*Dem Leben einen Sinn geben*, Karl Rauch Verlag, Düsseldorf 1957). Hieraus im besonderen: Frieden oder Krieg? (1938) – Kriegsbriefe an einen Freund (1940) – Brief an einen General (1943).

Carnets (1936–1944), Gallimard, Paris 1953 (*Carnets*, in: Gesammelte Schriften in drei Bänden, Bd. 3, Karl Rauch Verlag, Düsseldorf 1959).

In gleicher Ausstattung sind erschienen:

Gautama Buddha
Worte lebendiger Stille
ISBN 3-451-26926-0

Dalai Lama
Worte der Hinwendung
ISBN 3-451-26927-9

Rainer Maria Rilke
Worte, die verwandeln
ISBN 3-451-26931-7

Khalil Gibran
Worte wie die Morgenröte
ISBN 3-451-26928-7

Weisheit der Indianer
Worte wie Spuren
ISBN 3-451-26933-3

Anne Morrow Lindbergh
Worte wie Muscheln
ISBN 3-451-26929-5

Norman Vincent Peale
Worte positiver Kraft
ISBN 3-451-26930-9

Albert Schweitzer
Worte über das Leben
ISBN 3-451-27035-8

HERDER

In gleicher Ausstattung sind erschienen:

Phil Bosmans
Worte zum Menschsein
ISBN 3-451-27039-0

Mahatma Gandhi
Worte des Friedens
ISBN 3-451-27036-6

Hermann Hesse
Worte des Zauberers
ISBN 3-451-27038-2

Eugen Drewermann
Worte für ein unentdecktes Land
ISBN 3-451-27034-X

C. G. Jung
Worte der Seele
ISBN 3-451-27221-0

Theodor Fontane
Worte, die von Herzen kommen
ISBN 3-451-27037-4

Christian Morgenstern
Worte des Lächelns
ISBN 3-451-27222-9

Erich Fromm
Worte wie Wege
ISBN 3-451-27042-0

Thich Nhat Hanh
Worte der Achtsamkeit
ISBN 3-451-27040-4

HERDER

Sonnenstrahlen von Phil Bosmans

Phil Bosmans
Sonnenstrahlen der Freude
tun dir gut
ISBN 3-451-26076-X

Phil Bosmans
Sonnenstrahlen der Freundschaft
tun dir gut
ISBN 3-451-26316-5

Phil Bosmans
Sonnenstrahlen des Glücks
tun dir gut
ISBN 3-451-26077-8

Phil Bosmans
Sonnenstrahlen der Hoffnung
tun dir gut
ISBN 3-451-26078-6

Phil Bosmans
Sonnenstrahlen ins Leben
tun dir gut
ISBN 3-451-26447-1

Phil Bosmans
Sonnenstrahlen der Liebe
tun dir gut
ISBN 3-451-26315-7

Phil Bosmans
Sonnenstrahlen des Herzens
tun dir gut
ISBN 3-451-26079-4

Phil Bosmans
Sonnenstrahlen der Schöpfung
tun dir gut
ISBN 3-451-26446-3

Inspirierende Lesebücher

Otto Betz
Labyrinth des Lebens
Mit Illustrationen von Karen Holländer
ISBN 3-451-27172-9

Frederik Hetmann
Stille
Mit Illustrationen von Karen Holländer
ISBN 3-451-27171-0

Manfred Koch/Angelika Overath
Die Kunst des Einfachen
Mit Illustrationen von Bengt Fosshag
ISBN 3-451-27825-1

Grete Wehmeyer
Langsam leben
Mit Illustrationen von Eva Spanjardt
ISBN 3-451-27237-7

HERDER